Anonymous

Die Bekanntschaft in der Redoute

oder Zuweilen trifft es zu - ein Lustspiel in zwei Aufzügen

Anonymous

Die Bekanntschaft in der Redoute
oder Zuweilen trifft es zu - ein Lustspiel in zwei Aufzügen

ISBN/EAN: 9783743413719

Hergestellt in Europa, USA, Kanada, Australien, Japan

Cover: Foto ©ninafisch / pixelio.de

Manufactured and distributed by brebook publishing software (www.brebook.com)

Anonymous

Die Bekanntschaft in der Redoute

Bekanntschaft
in der
Redoute,
oder
zuweilen trift es zu.

Ein Lustspiel
in zween Aufzügen.

WIEN,
gedruckt, bey Johann Joseph Jahn,
Universitäts-Buchdrucker,
1777.

Personen.

Dornheim, Vater.

Dornheim, Sohn.

Frau von Forstenau.

Mignonette, ihre Tochter.

George, ihr Sohn.

Lisette, das Kammermädchen.

Herr von Lindenthal.

Herr von Nerville.

Johann, Bedienter des alten Dornheims.

Stephan, Bedienter des jungen Dornheim.

Musenkopf, ein Poet.

Erster Aufzug.

Erster Auftritt.

(Die Bühne stellt einen Saal in Dornheims Hause vor)

Dornheim Sohn, und Johann.

Johann.

Gnädiger Herr! ihre Braut ist vor einer Stunde angekommen, ihre Mutter, und ihr Bruder.

Dor. Meine Braut! das Fräulein von Forstenau! angenehme Nachricht; ist's wahr, Johann?

Joh. Mit diesen meinen Augen hab ich ihren Bedienten gesehen, mit diesem meinem Mund hab ich die Post ausgerichtet, mit diesem meinem Finger hab ich aus seiner Dose Tobak geschnorft.

Dor. Du hättest mir kein größeres Vergnügen machen können.

Joh. Wenn vor mich einmal ein Braut ankäme, da wollt ich tanzen, lachen, singen, springen.

Dor. Wann werden sie dann zu uns kommen?

Joh. Der gnädige Herr hat sie heute auf ein Spiel eingeladen. Längstens in einer halben Stund werden sie das Vergnügen haben sie zu sehen.

Dor. Ich bin so vorwißig sie zu sehen.

Joh. Ist wahr, sie kennen sie noch nicht.

Dor. O, wenn sie so schön ist, wie sie mein Vater mir beschrieben hat.

Joh. Der alte Herr hat keinen üblen Geschmack.

Dor. Durch sie werde ich Besitzer von zween Rittergütern; wenn sie nur bald da wären!

Joh. Es wird nicht lange mehr werden.

Dor. Jede Minute ist mir ein Tag. O Fräulein Mignonette! mit welcher Begierde seufze ich ihnen entgegen.

Joh. Ich dachte ja, ich wurde ihnen eine Freude bringen.

Dor. Davor sollst du heute nach dem Spiel mit mir in die Redoute gehen.

Joh. Ich gnädiger Herr! ich. —

Dor. Ja — Du.

Joh. Tra la, Tra la — freu dich Johann heut scheint die Sonne vor dich auch.

Dor. Aber wir müssen uns heimlich fortschleichen, mein Vater hat mirs heute nicht erlauben wollen, und wer weis, wenn im Sommer wieder Redoute seyn wird.

Joh. Schon gut, davor lassen sie mich sorgen.

Dor. Gehe, geschwind — gehe zu einer Tänzerinn, laß dir ein paar schöne Masken geben;

ist Geld, dies setze unterdessen ein. — Aber, daß sie niemand sieht.

Joh. Dieß wär eine schöne Wäsche. (im abgehen) Potz Blitz! noch eins, bald hätt ich vergessen, sie sollen von der Ankunft ihrer Braut nichts wissen, man verbott mirs aufs schärfeste eine Meldung davon zu machen. (geht ab.)

Dor. Gut, komm bald zurücke.

Zweyter Auftritt.
Dorheim Sohn allein.

Nun werd ich bald das Vergnügen des Ehestandes schmecken. O mein guter Vater — wie er vor mich sorgt.

Dritter Auftritt.
Dornheim Vater, und Dornheim Sohn.

Dor. V. (kömmt in größter Eile) Freude, Freude! mein Sohn deine Braut ist angekommen. Jezt, jezt wird sie zur Gesellschaft kommen, verstehst du mich?

Dor. S. O mein Vater! welche entzückende Botschaft!

D. V. Zwar hast du sie noch nicht gesehen, aber sie wird dir gewiß gefallen, merk dirs.

D. S. Wie vielen Dank bin ich ihnen vor ihre Sorge schuldig, mein bester Vater!

D. V.

D. V. Achtzehn Jahre, schön, reich, merk' dirs: wenn ich nicht schon so graue Haare hätt, und wenn du, du nicht wärest, ich weis nicht was — verstehst du mich?

D. S. Die gefühlvolleste Erkänntlichkeit meines zärtlichen Herzes ist allein der Dank, den ich ihnen davon sagen kann.

D. V. Diesen Abend hoffe ich recht gut zuzubringen. Ich habe meinen Bruder mit seiner Frau eingeladen, verstehst du mich?

D. S. Den Herrn von Lindenthal.

D. V. Von dir hoffe ich, daß du mit deiner Gattinn bescheidner leben wirst. Er förchtet sich ja vor ihr, wie das Kind vor der Ruthe. Man muß seine Frau gut halten aber doch sein Ansehen als Mann zu behaupten wissen. Zu viele Nachsicht bringt die Weiber zu Ausschweifungen, merk dirs. — Der Chevalier Merville wird auch kommen, und der junge Forstenau, der Bruder deiner Braut ein Erzlappe.

D. S. Ich erwarte sie mit aller Ungedulb.

D. V. Die gewöhnliche Hitze eines Bräutigams, merk dirs. — Mir war auch so, als ich ein Bräutigam war, noch lebt alles in mir, wenn ich daran gedenke; Aber wo ist dann der Johann?

D. S. Ich weis nicht (bey Site) wenn er nur bald zurückkäme.

D. V. Es ist doch gleich sieben Uhr, und noch nichts hergerichtet. He, Johann!

D. S. Er wird nicht zu Hause seyn.

D. V. Die Leute haben immer zu laufen.

Vierter Auftritt.

Die Vorigen, und Johann mit einem Packe.

H. V. Wo war er dann so lange? bis sieben Uhr, versteht er mich?

Joh. Ich — ich — gnädiger Herr — ich war beym Schneider um —

H. S. Um ein Kleid vor mich abzuhohlen nicht wahr? Hm — Hm —

H. V. Laß er sehen.

Joh. (bey Seite.) Das ist jezt sauber.

H. V. Lügner, daß sind ja Masken, versteht er mich.

Joh. Sie erlauben mirs zu sagen gnädiger Herr sie sind ein bischen zum Unzeit gekommen. Die Masken hätte niemand sehen sollen.

H. V. Vor wem gehören sie?

Joh. Der fremde Herr im anderten Stocke hatt mich ihm um eine umzusehen, weil er hie noch wenig bekannt ist, er wollte aber, daß niemand etwas davon wissen sollte, er will sich einen kleinen Spas machen.

H. S. (bey Seite) Das ist ein Schurke.

H. V. Vor mir braucht es keine Geheimniße, merk er sichs.

Joh. Sie vergeben gnädiger Herr, in der Eile —

H. V. Richt er jezt die Spieltische in Ordnung, sonst kommen die Gäste noch eher, versteht er mich?

Joh. Ja gnädiger Herr. Heute will ich ein Probstück meiner Geschwindigkeit ablegen.

H. V.

8 Die Bekanntschaft in der Redoute,

D. V. Wir wollen indessen in mein Zimmer gehen, mein Sohn.

D. S. Ich bin bereitet ihnen zu folgen.

Fünfter Auftritt.

Johann, hernach Stephan.

Joh. He Stephan, — hilf er mir ein wenig die Tische hertragen, bring er die Leichter herein, ich bin älter im Hause, das gehört ihm zu. (er tragt die Masken ins Kabinet. Stephan bringt Lichter, sie richten in Ordnung.) Mir hängt man immer die Schelle an, aber die Redoute macht heut alles vergessen. Tra la, Tra la, Tra la —

Steph. Warum so lustig, freut ihm die Braut seines Herrn?

Joh. Sollt ich weinen?

Steph. Gar nicht, aber ich dachte nur, wir Bedienten hätten nicht viel Ursache lustig zu seyn. Das Monat 10 Gulden —

Joh. Wir Diener junger Herren sind ganz andere Leute, als ihr Hausknechte. Ihr habt nur immer zu arbeiten. Wir leben besser. Kostgelder, Traktements, und sonst so allerley Spordeln sind Profitchen, von denen ihr nichts seht, und nichts hört. Du redest, als wenn die Welt noch so wäre, wie da, als du und dein Herr jung gewesen sind. O ihr alte gravitätische Gesichter ihr kömmt mir vor, wie die Gemälde in unserer Gallerie auf dem Lande. Den Tisch daher, den dort hin —

Ste=

Steph. Schweig er mit seinen Ausschweifungen.
(geht ab.)

Joh. Ich weis nicht, was die trägen Schnecken unter Lärm und Ausschweifungen verstehen. Warum sollen wir Laquayen nicht lustig sein. Es hat vielleicht schon mancher beblichter Rok Aufsehen gemacht, der vormals unter unsern buntschäckigten Regiment gedienet hat. (geht auf und ab, und greift in die Säcke) Wie zum Henker kein Geld mehr im Sacke. Eine Kleinigkeit — wie oft trift das Schiksal die Bedienten sammt ihren Herrn. Aber heut soll ich doch ein bischen haben. — Die Besoldung hab ich schon auf 3 Jahre zum voraus angebracht; Aufs stehlen, folgt hangen. Vorgen und nicht mehr zahlen — geht auch nicht, bey uns gemeinen Kerln kömmt man gleich mit Arbeitshause, und was weis ich was altem. Der junge Herr als Bräutigam wird heute schon —

Sechster Auftritt.

Dornheim Vater, und Sohn.

D. V. Jezt laß er uns allein, verstehtʼ er mich.

Joh. (Geht ab.)

D. V. Nun werden sie bald kommen, ich sehe deine Verwunderung schon wie im Traume vor.

D. S. Kann wohl ein Vater so zärtlich seyn, als sie?

Sie-

Siebenter Auftritt.

Die Vorigen, und Merville.

Mer. Ihr ganz ergebenster, gehorsamster, unterthänigster Knecht.

D. V. Ihr Diener, verstehn sie mich?

D. S. Jezt werden sie mein Braut kennen lernen.

Mer. Charmant, charmant. Ich wünsche ihnen schon zum voraus alles Glück.

D. V. Setzen sie sich, verstehn sie mich?

Mer. Sie befehlen.

D. V. Wissen sie heute nichts neues, Chevalier Merville, sie sind sonst ein Liebhaber von Neuigkeiten, merken sie sichs.

Mer. Nichts, gar nichts, die ganze Stadt ist jezt von Neuigkeiten ausgeplündert, wenn nur bald Krieg wäre, da gibts immer so etwas.

D. V. Der Himmel behüte uns vor ihren Wunsche, verstehn sie mich — Aber — eben recht, daß sie da sind, Chevalier Merville, es ist jezt ein Secretairstelle leer, kommen sie darum ein, sie werden sie auf mein Zuthun gewis erhalten, merken sie sichs.

Mer. Ich bin unterthänigst darvor verbunden, ich lebe so besser.

D. V. Wie? — sie haben ja nicht mehr als 100 Thaler jährlich Interesse, verstehn sie mich.

Mer. Vollkommen Recht, aber ich habe nebst diesen sehr viele andere Silberquellen. Ich schreibe

ein

ein paar Wochenschriften, die tragen mir so eine zielmliche Summe. Ein paar Exemplare davon gebe ich gratis in zween Koffeehäuser, davor bin ich Frühstück frey, nebst deme verfasse ich alle Jahre 2 bis 3 Komödien, davor bin ich nebst der Belohnung die ich dafür bekomme, noch oben darauf im Theater frey.

D. V. Wunderliche Beschäftigungen, verstehn sie mich.

Mer. Zu Mittag mach ich Visiten, mithin versteht sichs, daß ich bald da bald dorten eingeladen bin; unter der Tafel weis ich meine Discourses so einzukleiden, daß ich fast alle Abend zu einer Gesellschaft invidiret werde, dabey ersetzen mir Chioccolade, Mandelmilch, Limonade und Konfekturen die Stelle des Soupee.

D. S. Viel, daß sie nichts ersonen haben, auch mit den Kleidern so durchzukommen.

Mer. Die kosten mich das ganze Jahr keinen Heller, zu Anfangs des Winters, des Frühlings, Sommers, und Herbstes hab ich mit allen Schneidern der Stadt ganze Traktaten. Ich erfinde neue Moden, bald eine lange bald kurze Taille, so wie es mir einfällt, die erste Probe ist mein Rekompense.

D. V. (hönisch) eine rühmliche Lebensart, ein nüzliches Glied vor dem Staat, merken sie sichs.

Mer. Aber so lebe ich ohne viele Mühe, so noble, so galant, sie sehen.

D. S. Kein sicheres Einkommen, eine Unpäßlichkeit, oder sonst je ein Zufall könnte einen Strich durch die Rechnung machen.

Mer.

Mer. Davor werden die Götter sorgen.

Achter Auftritt.
Die Vorigen, und Frau von Forstenau mit George.

Forst. Ihre ganz ergebenste Dienerinn, wir gebrauchen uns ihrer Güte.

D. V. Weil ich sie nur einmal sehe meine gnädige Frau. Sieh hie mein Sohn küsse deiner künftigen Schwiegermama die Hand.

D. S. Es ist das entzückenste Vergnügen sie einmal zu sehen meine gnädige Frau. Ich seufzte schon so lange diesem glücklichen Augenblick entgegen.

D. V. Aber wo ist denn mein liebes Töchterche Fräulein Mignonette.

Forst. Sie bedaurt sehr, daß sie nicht die Ehr haben kann ihnen aufzuwarten, wir haben den Koffer mit ihren Kleidern von der Maut noch nicht bekommen, und so wie sie von der Reise ist —

Geor. Zur Gnade, (macht einen Kniks) sie hat fast geweint, daß sie nicht hat mitgehen können.

D. V. So viele Ceremonien bey Freunden, ich will um sie schicken, verstehn sie mich.

Forst. Nein, ich bitte. Morgen werde ich die Ehre haben sie meinem Herr Schwiegersohn aufzuführen, wenn ich sie so nennen darf. Es ist mir eine besondere Freude sie in meine Familie zu bekommen.

D. S. Dies Kompliment ist über meine Verdienste, ich bedaure nur, daß das Fräulein —

Forst.

Forst. Morgen frühe soll ihr Verlangen erfüllt werden; das Frauenzimmer läßt sich das erstemal nicht gern in der Neglige sehen, besonders, wenn es um eine Verbindung zu thun ist.

D. V. Aber wenn ich bitte.

Forst. Entschuldigen sie heute.

D. V. Nu, sie haben zu befehlen, merken sie sichs; Dies hie mein Sohn! ist der junge Baron von Forstenau.

D. S. Es erfreuet mich sehr mit ihnen bekannt zu werden.

Geor. Sie erlauben, (macht einen Kniks) Sie werden also auch die Gnade haben, mit mir durch das Band der Freundschaft verstrickt zu werden.

D. S. Ich schätze mich sehr glücklich.

Geor. (ganz leise zur Forstenau) Mama! was soll ich dann darauf antworten?

Forst. Ein Gegenkompliment davor machen, aber mit Grace.

Geor. Zur Gnade — Ich mache ihnen mein Gegenkompliment.

Merv. (bey Seite) Dummer Junge! der giebt mir beym ersten Lustspiele so ich verfasse einen neuen Charakter.

D. V. Ich bitte setzen sie sich, Es ist kein Kompliment, wenn ich ihnen sage, daß sie dieses Haus vor das ihrige ansehen sollen, merken sie sichs.

Forst. (zärtlich) Mein Herr Schwiegersohn muß sich neben mir hersetzen.

D. S. Ich gehorche, meine gnädige Mama!

Ge-

Geor. (Will sich zur Forstenau aufs Kanapee setzen.)

Forst. George! Grace, Grace.

Geor. Zur Gnade, Mama! verzeihen sie, (setzt sich.)

D. V. Ja mein Sohn, du darfst dich glücklich schätzen mit der gnädigen Frau in die Verwandschaft zu kommen, merk dirs.

D. S. Ich werde mir alle Mühe geben, diese Gnade zu verdienen.

Forst. Die Person ihres Herrn Sohns kömmt vollkommen mit der grossen Idee überein, die ich mir von ihm machte.

D. S. Sie beschämen mich gnädige Frau! aber was macht dann das Fräulein allein zu Hause?

Geor. Wenn sie erlauben, (einen Kniks) so hat sie gesagt, sie wolle unterdessen Manschetten vor mich annähen.

Forst. Mein Tochter wird ganz entzükt seyn, wenn sie sie sehen wird.

D. V. Hm, hm — häßlich wird sie meinen Sohn nicht finden, verstehen sie mich?

D. S. Wie gefällts ihnen in Wien?

Geor. Zur Gnade kömmt es mir just so vor, als wenn Kirchtag wäre.

Merv. Jezt müssen sie alle die Seltenheiten Wiens sehen, gnädige Frau!

D. V. Hauptsächlich die Komödien, merken sie sichs.

Merv. Ja, die Oper, die entzückendsten Arien.

George.

ein Luſtſpiel. 15

Geor. Mama, ob ſie wohl ſchöner ſeyn können, als die unſer Schulmeiſter an ihren Namenstage geſungen hat.

Forſt. Du wirſt ſchon hören, da wirſt du ſtaunen.

Merv. Und die Trauerſpiele, die auch einem Helden beweiſen können, das er doch nur ein Menſch iſt.

Geor. Nein, Mama, ich ſieh lieber die luſtigen Trauerſpiele.

D. S. Da werden ihnen die Pantomimen gefallen, wo der Arlequin und der Pierot ihre Sprünge miteinander machen: Ha! wenn ſie den Arlequin ohne Kopf werden herumgehen ſehen.

Geor. Das iſt ja unmöglich, da ſieht man wie närriſch die Bauern ſind auf dem Land, wenn ſie einem dem Kopf abhauen, ſo glauben ſie er iſt ſchon Maustod, und ich habs ſelbſt immer geglaubt.

Forſt. George! beſcheiden. Heißt das Grace haben?

Dornh. V. Ey, ey, wenn nur Fräulein Mignonette bey uns wäre.

Dornh. S. Ich bin ſo begierig, ihr mein Kompliment zu machen.

George. Es wird ihr auf ein Haar ſeyn, denn zur Gnade, ſie hat auf der ganzen Reiſe von ihnen geſprochen.

Forſt. Sie wird ſie viel über ihre Erwartung finden.

(Man hört Trommeln, George läuft alſogleich ab.)

Dor.

Forſt. George! George! Ich bitte, entſchuldigen ſie ihn, er iſt ganz betäubt.

Dornh. V. Kein Wunder, wenn er nie in Wien ware, der Lärm, die Menge Leute, alles ſetzt ihn in Verwunderung, merken ſie ſichs.

Merv. Das Trommeln wird Hetze, oder Feuerwerk bedeuten.

Dornh. S. Dazu iſt's ſchon zu ſpät, es wird jemand aus dem Glückstopfe gewonnen haben.

Dornh. V. Ich erwarte nur meinen Bruder noch, dann können wir ein Spiel machen, wenn es ihnen beliebt.

Forſt. Ich bin zu ihrem Befehle.

George (kömmt gelaufen.) Ha ha ha Mama, Mama!

Forſt. George! Denk doch an die Grace.

George. Ha ha ha! Mama! Hören ſie nur.

Forſt. Was dann? rede —

George. Ha ha ha! ein grüner Pa — Pa — Pa — mit einem rothen Schweife iſt verlohren gegangen, ha ha ha!

Dornh. V. Ein Papagey, merken ſie ſichs.

George. Ja, ja, ſie haben recht, ein Papagey iſt's, ja, ja, ha ha ha!

Forſt. Mäſſige dich doch.

George. Zur Gnade, unſer Dorfbaader hat geſagt, daß einem das Herz zerſpringt, wenn man das Lachen zurückhält, ha ha ha!

Neun=

Neunter Auftritt.

Die Vorigen, und Johann.

Joh. Die gnädige Frau von Lindenthal läßt sich empfehlen, und vor heute entschuldigen. Der gnädige Herr läßt auch um Vergebung bitten, denn, weil die gnädige Frau nicht kommen kann; so darf er auch nicht ausgehn.

Forst. Das muß ein guter Herr seyn.

Dornh. V. Sag er, es ist mir leid, daß ich nicht die Ehre habe sie bey mir zu sehen, merk er sichs.

(Joh. geht ab.)

Dornh. V. Das ist doch eine Schande vor alle Männer.

Forst. Es geht schon so, die einen sind zu gut; die andern zu böse, aber mein Herr Schwiegersohn —

Merv. (bey Seite.) In meinem Leben hatt ich nicht so lange Weile, kein einziges Mädchen da.

Zehenter Auftritt.

Die Vorigen, und Lindenthal.

Dornh. V. Wie zum Henker, Bruder, wie bist denn du entkommen?

Lind. Ich bin meiner Frau so heimlich — durch — gewischt.

Dornh. V. Nu, wenn du nach Hause kömmst, verstehst du mich.

Lind. (seufzt.) Ja, ein paar üble Stunden werd ich freylich wohl haben, aber die kann man ja um deiner angenehmen Gesellschaft Willen leicht aushalten.

Dornh. V. Sehen sie hier, meine künftige Schwiegermama.

Lind. Es ist mir eine besondere Ehre sie kennen zu lernen.

Forst. Ihre unterthänigste Dienerinn.

George. Und ich bin zur Gnade ihr Herr Sohn.

Lind. Ihr ganz gehorsamster Diener.

Dornh. V. Jetzt können wir anfangen zu spielen. Nu Bruder, setzt dich, verstehst du mich.

Lind. Ich dank dir Bruder. Meine Frau hat mir schon seit drey Tagen meine Geldbörse eingeschlossen, und jetzt durft ich es nicht einmal wagen, sie nur darum zu bitten.

Dornh. V. Du bist doch gar zu nachsichtig, ein Mann — merk dirs.

Lind. Was seyn muß, davor —

Merv. Die soll meine Frau seyn, da wollten wir sehen, sie müßte —

Lind. (hitzig.) Und wenn sie nicht will, so wären sie so wenig im Stande auszukommen, als ich. Glauben sie etwa, mir fehlt es an Courage. Da trü-

gen

gen sie sich, aber versuchen sie es nur bey einer Frau, die durch ganze fünf Jahre, als ich verheirathet bin, noch niemals ja gesagt hat, sondern allezeit nein — nein — nein. Wo sie das ganze Jahr keinen andern Ausdruck hören, als ich will — ich befehle — du mußt. Ihr nasenweiße Pursche habt leicht reden, aber der es erfährt.

Dornh. V. Aber Bruder gebrauch dich deines Ansehens, verstehst du mich?

Lind. Das will ich auch. Wir wollen sehen, wer Herr im Hause ist.

Eilfter Auftritt.
Die Vorigen, und Johann.

Joh. (zum Lindenthal.) Die gnädige Frau läßt sich empfehlen, und der gnädige Herr soll den Augenblick nach Hause kommen.

Merv. (bey Seite.) Ha ha ha! Das ist ein Thor.

Lind. Das ist eine Plage, daß — daß — ja — sie vergeben. Ich muß — sonst — doch nein — ich will — ich werde nach Hause kommen, wenn es mir beliebt.

Joh. Gut, gnädiger Herr. (geht ab.)

Dornh. V. Das ist zu viel Bruder, das ist zu übertrieben, merk dirs.

Lind. Nu, und bin ich nicht geblieben.

Dornh.

Dornh. V. Recht so Bruder, verstehst du mich.

Joh. (kömmt wieder, bey Seite.) Ich schäme mich die Post auszurichten. (laut.) Der Bediente des Herrn von Lindenthal, hat Befehl nicht eher wegzugehen, bis der gnädige Herr mit ihm kömmt.

Lind. Ja, jetzt — jetzt muß ich. Der Vernünftige giebt nach. Ihr Diener. Ich bedaure, daß ich die Gesellschaft stöhren muß. Ihr gehorsamster Diener. Böses Weib! — Verdammte Schande! (geht mit Johann ab. Alle lachen.)

Forst. Ein Muster eines guten Ehemanns.

Merv. (bey Seite.) Ha! — den will ich in einer Komödie vorstellen.

Dornh. V. Sie vergeben gnädige Frau, jetzt müssen wir schon allein anfangen zu spielen.

Merv. (bey Seite.) Donner und Wetter, das muß ich verhindern, ich hab keinen Heller bey mir. Ich bin ganz zu ihren Dienst, aber jetzt dächte ich, sollten wir statt des Spiels eine kleine Promenade auf den Graben machen, der gnädigen Frau zu zeigen —

George. Ja ja, Mama! im Spiel bin ich ohnehin gar unglücklich.

Dornh. V. Das ist ein vortrefflicher Gedanke, es wird sie nicht reuen gnädige Frau, merken sie sichs.

Merv. Das Theater, die Redoute, die Pastey, der Augarten und der Graben sind Wiens beste Unterhaltungen.

Dornh.

Dornh. S. (sieht auf die Uhr. Bey Seite.) ht ists Zeit zur Redoute. (Zur Forstenau.) Ich iß nicht, mir fängt an nicht wohl zu werden.

Dornh. V. So leg dich lieber zu Bette, ver- ost du mich?

George. Sie haben gewiß das Podagra, mei- n Papa verstorbner ist auch allezeit gen' Abend zu, t gut geworden.

Forst. Morgen hoff ich sie besser anzutreffen.

Dornh. S. Ich bedaure sehr, daß ich nicht —

Dornh. V. Wenn es ihnen beliebt, gnädige au.

Forst. Ich bin zu Befehl. Ihre gehorsamste nerinn Herr Schwiegersohn. Der Mignonette b' ich unterdessen die vortheilhafteste Beschreibung hen.

Dornh. S. Zu viele Güte.

Merv. Votre Serviteur, mon Ami.

George. Guten Morgen, Herr Graf von Dorn- m. (Alle gehen ab außer Dornh. Sohn.)

Zwölfter Auftitt.

Dornheim Sohn, und Johann.

Dornh. S. Guten Abend dünkt mich, wär er gesagt — bravo, galant, bin ich weggekom- n. He Johann.

Joh. Nun sind alle fort. Wie zum Henker ha- sie sich abgeschraubt. Gnädiger Herr!

B 3   Dornh.

Dornh. S. Eine kleine Unpäßlichkeit schützte ich vor.

Joh. Wir sind doch ein paar rechte Schurken nicht wahr gnädiger Herr? Einer macht der Wahrheit einen Finger dichten Anstrich, der andere legt ihr gar eine Maske an.

Dornh. S. Scherze nicht. Bring die Masken heraus, und gehe geschwind um eine Miethkutsche.

Joh. (bringt die Masken, wirft sie mitten im Zimmer auf die Erde und lauft davon.)

Dornh. S. Dummer Tropf.

Dreyzehenter Auftritt.
Dornheim Sohn allein.

Das ist mir gar nicht anständig, daß Fräulein Mignonette nicht mitkame. Jetzt kennte ich sie schon Vielleicht hätt ich sie in die Redoute führen können (legt sich an.) Nu — ich werde sie doch noch sehen. — Die Larve — die Handschuhe — ha — die Schminke hätt ich vergessen, und jetzt ist's Mode, daß auch Männer den Mangel äußerlicher Reitze, durch Schminke zu Hilf kommen. (schminkt sich.)

Vierzehenter Auftritt.
Dornheim Sohn, und Johann.

Joh. Bin ich nicht geschwinder als ein Haase? (hollt Athem.) Da giengs zu, Bedienten, Stuben-
mädchens,

d Kavaliers, alles schrie um Wägen jedes wollte den ersten. Drey Sie‐
nen Heller genauer, und wenn ich nicht
ire, hätten wir wohl gar keinen be‐

J. Drey Siebenzehner, das ist zu

Geld hätten wir leicht ersparren kön‐
n gewiß nicht die ersten gnädigen Her‐
aße in die Redoute giengen.
Hurtig, kleide dich an.
iter den Anlegen.) Ha ha ha! Das
, eben als ich die Kutsche behandel‐
n Stutzer daher, mit einem kleinen
, und einem Sturmhute, wie die al‐
Pökelhauben, und führte ganz sachte
nes Mädchen an der Hand, ich hätte
m Arm reissen mögen, und fieng eben
e zu behandeln. Kaum hörte er von
nern murmerln, so gieng er zurücke,
inen Mädchen: Pfui, die Lehenwä‐
lend her, gehn wir lieber zu Fuße,
te so ein Karren zusammen fallen. —
bend, der angenehmste Spaziergang.
Die drey Siebenzehner haben ihm alle
en aus dem Sinne gejagt.
J. Geschwind, hurtig, auf dich muß
rten.
mal verzeihen sie gnädiger Herr, ich
.

B 4   Dornh.

24 Die Bekanntschaft in der Redoute.

Dornh. S. Nu so gehn wir, lösche die Lichter aus.

Joh. (Löscht das Licht aus, fängt an einen Minuet zu singen, und geht singend mit Dornheim ab.)

Funfzehenter Auftritt.

Die Bühne stellt einen großen Platz vor, wo viele Leute spazieren gehen, und in der Mitte eine Limonade Hütte steht.

Frau von Forstenau, Dornheim Vater, Merville, und George.

George, (stolpert.) Verdammt! zu Wien da brauchte man ja einen eigenen Meister der einem gehn lernte. Die höllischen Steine, wie gespitzt sie sind, daß sie einen durch die Sohle durchstechen.

Merv. Nu, meine gnädige Frau, wie gefällt ihnen der Spaziergang, ist er nicht allerliebst.

Forst. Ja ja, ihr Stadtleute habt alle Gattungen von Unterhaltung, aber wir arme Tröpfe auf dem Lande, so in der Einöde —

George. Wie hell die Laternen brennen, es ist nicht anders, als wenn die Wiener wollten, daß es gar nicht Nacht werden sollte.

Dornh. V. Beliebt ihnen ein Glaß Limonade, meine gnädige Frau? reden sie aufrichtig, verstehn sie mich?

Forst.

Forst. Ich danke unterthänigst.

George. Warum den Mama? ich hab noch nie eine getrunken.

Merv. So müßen sie eine versuchen junger Herr.

Forst. Aber George! so unartig.

George. Der Herr Graf Dornheim hat ja gesagt, wir sollen aufrichtig reden.

Dornh. V. So gehn wir hinzu, Chevalier Merville, bedienen sie die gnädige Frau.

Merv. Ich mache mir die größte Ehre daraus. (geht zur Hütte.)

(Forstenau, Dornheim und George setzen sich.)

Dornh. V. Hie auf diesem Plaße wird mein Sohn mit ihrer Fräulein Tochter wohl manches Kläßchen Limonade verschlucken, merken sie sichs.

Forst. Dieß hab ich alles unserer alten Bekanntschaft zu danken.

Dornh. V. Ja, ja, wir sind schon lange bekannt, wenn ich noch denke vor 20. Jahren, ha ja ha! verstehn sie mich.

George. Mama, wie jetzt auf unsern Güte zu Hause schon alle schnarchen werden.

Merv. Sie werden gleich bedient werden, gnädige Frau. (setzt sich zum George.)

Forst. Sie haben zu viele Höflichkeit.

Dornh. V. Wenn ihr seliger Gemahl noch lebte, der würde eine Freude über die Heirath haben.

Forst. Ich wünschte es auch.

George. (zum Merv.) Sie verzeihen, was studieren denn sie?

Merv. Ich? ich habe lange schon ausstudirt, jetzt leb ich von meinem Interesse, sonst hab ich keine Bedienstung.

George. Keinen Dienst, sie erlauben, daß ich es sage. Auf dem Lande heißt man die Leute, die nichts zu thun haben, Vagabunden. Ich lern jetzt rechnen, hören sie, das ist oft ein Spaß, wenn der Schulmeister mit seinen Exempeln anfangt, gesetzt, wenn einer zu drey Joch Ackern sechs Täg braucht, wenn würden sechs damit fertig, jetzt er versteht allezeit die Bauern, und ich versteh die Dirnen, da muß ich oft hell zum Lachen anfangen.

Merv. (höhnisch.) Das muß recht artig seyn.

Georg. Jetzt lern ich auch die Historie, und das kann ich leicht thun, denn unser Waberl das Viehmensch, die weiß so viele so schöne Historien, daß sie Professorinn seyn könnte.

Merv. Ein sicheres Zeugniß in der Geschichte.

(Es kömmt eine Nachtmusik.)

George. Was ist dann dieß.

Merv. Es wird eine Musik werden, haben sie Acht.

Dornh. V. Das freut mich, daß eben heut eine Musik ist, daß sie hie sind meine gnädige Frau.

Forst. Ich bin eine ungemeine Liebhaberinn davon.

(Alle hören der Musik zu.)

George.

George. Das ist Schade, daß unseres Schlosser sein Gesell nicht da ist, der ist ein Meister in der Violin.

Merv. Der mag biegsame Finger zur Musik haben.

Dornh. V. Stille! — Stille! —
(Alle schweigen eine Weile.)

Forst. Das war eine vortreffliche Musik.

Dornh. V. In der That, sie gefiel mir selbst wohl.

Merv. Schade, daß der junge Herr von Dornheim nicht dabey ware.

Dornh. V. Jetzt wollen wir nach Hause, es fängt an spät zu werden, verstehen sie mich, wir alte Leute lieben die Ruhe.

George. Da wird ich die ganze Nacht nicht schläfrig.

Dornh. V. Haben sie unterdessen die Güte zu bezahlen, Chevalier Merville, morgen werden wir schon —

Merv. Sie befehlen. (bey Seite.) Verdammter Streich, eben heute hab ich kein Geld, was ist zu thun? — Ha! — (geht zur Hütte.) He! guter Freund, ich habe meine Geldbörse vergessen, nimm er unter dessen die goldne Uhr, morgen werd ich sie auslösen. (im abgehen.) Das ist keine Schande, Ich bin gewiß nicht der Letzte, dem dieß wiederfährt.

(Alle gehen ab.)

Zwey-

Zweyter Aufzug.

Erster Auftritt.

Dornheim Sohn und Johann in Masquen.

Joh. (guckt ob niemand im Saale ist.) Keine Seele ist im Zimmer, kein Menschenkind das uns verrathen könnte, kein Hund, der durch sein Gebell den alten Herrn aufwecken könnte, keine Fledermaus, die uns die Haare zerrütte.

Dornh. Nein! — unmöglich — o sie war zu schön! zu reißend.

Joh. Ja ja, das Mädchen gefiel mir selbst, sie ist schöner, als unser Stubenkäzchen.

Dornh. Der Anschlag meines Vaters ist vereitelt, der ganze Entschluß das Fräulein von Forstenau zu heirathen ist geändert, nein, das Mädchen hat zu viele Reize.

Joh. Sie verzeihen gnädiger Herr ihre Liebe kömmt mir doch ganz besonders vor. Ihre Braut haben sie noch gar nie gesehen, und der Engel da, von dem sie sprechen, verliebten sie sich aufs erstemal, kann denn das Fräulein von Forstenau nicht noch schöner seyn.

Dornh. Schweige, du hast immer Narrheiten als wenn du zehen tausend des Jahrs zu verschlucken

schlucken hätteſt. — O wie gut ſie mit mir ſprach!
— Ja ich bin entſchloſſen —

Joh. Zu was dann ums Himmels Willen, wir wiſſen ja ihren Namen nicht, wer weiß, was es vor ein Mädchen iſt; fangen ſie etwa einen Streich an, daß ſie zuletzt gar keine Braut haben.

Dornh. S. O ich Unglücklicher! auf was gründete ich meine Hoffnung? — Johann! wenn du erfährſt wer ſie iſt —

Joh. Ich will mir Mühe geben, es zu erfragen.

Dornh. In welcher Verlegenheit. — (geht ab.)

Zweyter Auftritt.
Johann allein.

Es iſt doch was wunderlichs um die Liebe. (gäumt.) Nein Johann! du biſt zu keinen kommoden Herren gebohren. Die Nachtvögel können zwey drey Nächte wachen, ohne daß mans ihnen anſieht, das kann ich nicht. (ſetzt ſich.) Wie mir das Sitzen ſchmeckt, als wenn ich ſechs Wochen Landbothe geweſen wäre. (gäumt.) Ich bin ſo ſchläfrig. (ſchläft ein. Im Schlafe.) Armes Mädchen! — biſt du den wirklich todt! o Tod! — o Tod! — biſt denn du auch verliebt, müßteſt du eben das Mädchen hollen, hätteſt du nicht die Mutter hollen können —

Drifter Auftritt.

Johann und Stephan.

Steph. Ha! — was ist dieß? — Johan[n] in der Maske. Beym Henker — der war gewi[ß] im Balle. Wart Schurke! Ich armer Teufel mu[ß] immer, wie ein Kettenhund Wache halten, un[d] du sollst so — He Johann! Johann!

Joh. Nu, — wer ists denn?

Steph. Was Teufel, macht er in der Maske?

Joh. Ich — in der Masque. Ich bin — ic[h] habe — ey, was gehts ihn an.

Steph. War er mit seinen Herrn in der Re[-]doute?

Joh. In der Redoute? — Ha ha! Warum nicht gar. — Das Vergnügen der Redoute versteh[en] wir nicht. Mein Herr war krank, dem macht ic[h] Zeitvertreib.

Steph. Der müßte mehr als dumm seyn, de[r] dieß glaubte.

Joh. Glaube was du willst. (geht ab.)

Vierter Auftritt.

Stephan allein.

Der Spaß ist mir lieb, der trägt was. Wen[n] ich die Sache dem Alten verrathe, gewiß ein Rega[l] von

ein Lustspiel.

von ein paar Siebenzehner. Der Narr meint, ich nerke seine Possen nicht, ha, ha.

Fünfter Auftritt.

Dornheim Vater, und Stephan.

D. V. Was macht er hie, versteht er mich?

St. Ha, gnädiger Herr, eben bin ich unter ein Geheimniß gekommen.

D. V. Was soll dies?

St. Aber gnädiger Herr ich getrau es mir nicht u sagen, wenn mir Euer Gnaden nicht versprechen, nich nicht zu verrathen.

D. V. Heraus damit einmal.

St. Der junge Herr muß diese Nacht mit dem Johann in der Redoute gewesen seyn.

D. V. Mein Sohn?

St. Ja, gnädiger Herr.

D. V. Dummkopf, Erz Dummkopf, merk er sichs.

St. Wie Euer Gnaden befehlen.

D. V. Mein Sohn in der Redoute, er war krank, er hat sich zu Bette gelegt, er ist nicht ein= mal spazieren gegangen, versteht er mich?

St. Aber gnädiger Herr ich fand den Johann in der Maske schlaffend.

D. V. Er ist ein Lügner, ein Betrüger, das kann nicht seyn. Er will mir ein paar Siebenzehner aus

dem

dem Sacke jagen, er wird mir wohl nicht weiß ma=
chen. —

St. Gnädiger Herr! So wahr ich lebe, so ha[be]
ich's gesehen.

D. V. Geträumt hat er, geh er ins Tollhaus
laß er sich ein neues Hirn, und neue Augen einsetzen.

Sechster Auftritt.
Dornheim Vater, und Dornheim Sohn.

D. V. Ich habe die Ehre ihnen einen guten
Morgen anzuwünschen.

D. V. (zum Stephan) Jezt geh er, und schwä[tze]
er nicht mehr, merk er sichs.

St. (geht ab.)

D. V. Bist du schon wiederum gesund mein Sohn?

D. S. Ach! mein Vater, diese Nacht war mi[r]
eine harte Nacht.

D. V. Der heutige Tag wird alles ersetzen, heu=
te mußt du das Fräulein von Forstenau besuchen
merk dirs.

D. S. Ach! —

D. V. Du seufzst — niedergeschlagen — stat[t]
fröhlich zu seyn, unruhig.

D. S. Mein Vater!

D. V. Was willst du damit sagen?

D. S. Diese Nacht hatte ich so gewisse Aengstig=
keiten, die mir alle Lust zum heirathen austrieben
bedenken sie selbst, ich soll mich in der ersten Blüth[e]
mei=

meiner Jahre verehlichen, ein Sklave eines Weibes
werden, mit einen Mädchen versprechen, das ich nicht
kenne.

D. V. Du wirst sie kennen lernen, merk dirs.

D. S. O der Name eines Ehemann, der klingt
so alt, so mürrisch.

D. V. Ich weis nicht, wie mir die jungen Leu=
te heute zu Tage vorkommen — mit nichts zufrieden —
Der Ehestand, nicht wahr meine junge Herrchen,
der will euch nicht eingehen, weil er euch zu viel
einschränkt, verstehst du mich.

D. S. Dies nicht — Die mindeste Kleinigkeit
macht oft einen Eindruck.

D. V. So eine gähe Veränderung, zwischen ei=
nen Tag, überlege es, ich weis, du wirst deine Ge=
sinnungen ändern, merk dirs.

D. S. Ich will denken, und mir Mühe geben
ihnen folgen zu können. (geht ab)

Siebenter Auftritt.

Dorheim Vater allein.

Das wär ein verdammter Streich, ich hab schon
alles richtig gemacht, er hat übereingestimmt, und
auf einmal —

Achter Auftritt.

Dornheim Vater, und Musenkopf.

Musenk. (kömmt gelauffen) Alle Musen, alle Grazien, alle Amorsgrüssen — — Ha ich bitte unterthänigst um Vergebung, ich glaubte den jungen Grafen von Dornheim hie zu finden.

D. V. Sie sehen hie den Alten — Hm — Hm — wer sind sie, verstehn sie mich?

Musenk. Der Freund, der Busenfreund, ihres einzigen Sohns. Ein Liebling der Musen, der Grazien, und des neuen Geschmackes.

D. V. Zum Henker, von was nagen sie, das will ich wissen.

Musenk. Die Musen erhalten ihren Zögling, ich singe auf öffentliche Vorfälle, und dergleichen, suche durch die göttlichen Reitze der Dichtkunst die Herzen meiner Mitbürger zu entzücken, zu bessern, und davor belohnen sie mich mit meinem Unterhalte. Ihr Herr Sohn zum Beyspiel, der liebenswürdigste Freund alles Schönen, und nützlichen, der Einsichtsvolle Kenner —

D. V. Ja — Ja — das ist mein Sohn, sie haben recht.

Musenk. Er liest meine Meisterstücke mit vielem Vergnügen, beurtheilt, und belohnt sie mir.

D. V. Haben sie etwas bey sich, ich hab auch vor Zeiten etwas davon gelehrnt, verstehn sie mich?

Musenk. Unterthänigst aufzuwarten, hie — an Fräulein Lisetchen ein Bardengedicht, ohne Reime, die sind jezt nicht mehr moderne.

D. V. (liest)
Beym Teut und Manus, Herzensbezwingerinn!
Kaum schaut meines Antlißes Fackel dich,
  So brennt der Rabendank in meinem
    Veinern Hause, wie inners Licht brinnt.
Was — das versteh ich nicht — meinen sie mich (schüttelt den Kopf.)

Musenk. Unten ist schon die Erklärung. Zum Beyspiel, (meines Antliesfakel,) heißt in der skandinavischen Bardensprache mein Aug. (Der Rabentrank) auf gut kriegerisch, das Blut. (Das Veinerne Haus) ein ausgemergelter Leib, gesezt wie der ihrige, und (inneres Licht) heißt die Sonne.

D. V. Vor die Lisette zu hoch, verstehen sie mich?

Musenk. Ich schreibe auch in niedrigen Mine Sängerstyle, er hat viel mehr Anmüthiges, hie ist eine Probe.

D. V. Ich bitte verschonen sie mich.

Musenk. Ich weis, sie sind ein Liebhaber davon, von zärtlichen Gesänge, hören sie doch, ich will selbst lesen. (liest mit süsser Affektion.)
  Honigsüsse Mine du,
  Horch dem Mineliedchen zu.
  Laß mich hie nicht kußloß stehn,
  Deine weiche warme Hände,
  Reiche Göttinn ohne Ende,
  Laß mich dir ins Aeuglein sehn.
                                    D. V.

D. V. Genug, genug, wiſſen ſie ſchon, mein Sohn iſt ein Bräutigam, merken ſie ſichs.

Muſenk. O Apoll, und ihr neue Muſen! welche Wohnezeit. Ich eile alſogleich das Brautlied — Minesang — oder Bardenlied.

D. V. Was ſie wollen, verſtehn ſie mich?

Muſenk. Euer Gnaden geruhen mildthätigſt zu verzeihen, daß ich ſo viele Kühnheit habe, und es wage. Ich wollte den groſſen Göner der ſchönen Künſte eben um eine kleine Gefälligkeit erſuchen, zu meinem Unglücke iſt er nicht hie.

D. V. Was ſoll es ſeyn, verſtehn ſie mich? wenn es ſeyn kann — merken ſie ſichs.

Muſenk. Einen Dukaten bis Morgen — wir Poeten —

D. V. Ich hab dermalen lauter klein Geld, verſtehn ſie mich? — Ein Siebenzehner iſt genug — hie —

Muſenk. Es iſt gar wenig — aber doch —

D. V. Aber zahlen bis Morgen, verſtehn ſie mich?

Muſenk. Euer Gnaden werden mit mir zufrieden ſeyn. Meine Wohne iſt Menſchen zu beglücken, und mein Beruf die Freude und das Vergnügen des Menſchengeſchlechtes zu ſeyn — die Grazien —

Dor. V. (ruft nach) He — zahlen bis morgen, merken ſie ſichs.

Neunter Auftritt.

Dornheim Vater, und Frau von Forstenau.

Forst. Ihre Dienerinn Herr Graf.

Dor. V. Ihr Diener Frau Baroninn.

Forst. Wie befindet sich ihr Herr Sohn?

D. V. (zucket die Achseln) Hm — mein Sohn — was macht ihr Fräulein Tochter?

Forst. Hm, meine Tochter?

Dor. V. (bey Seite) Ich weis nicht wie ich ihrs vortrage.

Forst. (bey Seite) Ich weis nicht, wie ich ihms vortrage.

Dor. V. Mein Sohn.

Forst. Meine Tochter.

Beede zugleich. Will nicht mehr Heirathen.

Dor. V. Diese Nacht hat mein Sohn seine ganze Meinung geändert.

Forst. Meine Tochter hat mich ganz in Erstaunung gesetzt, gestern die feurigste Liebhaberinn, und heute morgens sagte sie, sie wolle ledig bleiben, und dies im vollkommenem Ernste, bann ich glaubs einem Mädchen so leicht nicht, wenn sie sagt, sie wolle nicht Heirathen.

Dor. V. Lassen sie Dies wohl seyn, was seyn soll! schickt sich wohl, merken sie sichs. Ich will mit ihnen gehen, und will ihr Fräulein Tochter bereden, ich weis, ich werd nicht umsonst reden, und vor meinen Sohn werd ich sorgen.

Forst.

Forst. Nu gut, ich überlasse es ihnen.
(gehen beede ab)

Zehenter Auftritt.

Dornheim Sohn, und Johann. (in größter Eil)

Joh. Gnädiger Herr — gnädiger Herr — hören sie — hören sie nur —

Dornh. S. Nu, was ists? rede.

Joh. Das nämliche Mädchen, das wir Gestern in der Redoute gesehen, und ihnen so wohl gefiele, hab ich jezt gesehen.

Dornh. S. Betrogst du dich nicht etwa?

Joh. Gar nicht, das nämliche Feuer in den Augen, die rothen Wängen, die Schlanke, mit einen Worte, ihre ganze Gestalt — Ich weis auch, wo sie wohnt.

Dor. S. Wo — sage — geschwind.

Joh. Ich will auch ins Haus hinkommen, ihren Namen erfahren, alles, was sie nur wollen.

D. S. Wie dies.

Joh. Geben sie mir etliche Dukaten, so kauffe ich Frauenwaaren zusammen, und im Kleide eines Galanteriehändlers komm ich ins Haus.

D. S. Vortreflicher Gedanke. Hie hast du Geld.

Joh. Sie warten am Ecke der Gasse, da werd ich sie suchen, um die weitern Umstände zu erklären.

D. S. Eile, versaume keine Minute. (beede ab)

Eilf=

Eilfter Auftritt.

(Die Bühne stellt ein Zimmer im Hause der Frau von Forstenau vor.)

Mignonette, George, und Lisette.

George. (Pakt einige Kleider in den Koffer und stößt sie mit den Fuße hinein.)

Lis. Was machen sie dann Herr Hannsjörgel, Herr! sie verderben ja alles.

George. Ist sie dann blind, daß sie nicht sieht, daß ich einpacke, schön, gut, fest einpacken daß die Sachen keine Runzeln bekommen ist eine Kunst.

Mign. Dummer Lappe. Der alte Hansmichel hat wohl vollkommen Recht gehabt, als er dir sagte, daß du in deinem Leben nicht wirst gescheid werden.

George. Was? — mich einen Lappen zu heißen. Und ich habe die ganze sechste Schul so gut studiert, daß ich sie nur ein Jahr mehr repetiren darf — wart — das werd ich der Mama sagen.

(geht weinend ab)

Mign. Nun sind wir allein, nun können wir in ganzen Vertrauen reden.

Lis. Aber sie sind ganz niedergeschlagen.

Mign. (seufzt) Ach! wie sind die Wienerinnen so glücklich, was sie vor Unterhaltungen haben. Liebe Lisette, wie dank ich dir, daß du mich in die Redoute geführt hast.

Lif. Weil wir nur so gut daraus kommen, daß es niemanden erfuhre.

Mign. Ja — ja — daß wär wiederum ein Lärm gewesen. Aber ich bin doch ganz traurig, ich möcht weinen, wenn ich daran gedenke, daß ich nicht immer in Wien bleiben kann. Auf dem Land kann ich nicht so vergnügt seyn, wenn ich sehe, wie die Bauern weinen, und wie sie seufzen, wenn sie die Noth, oder ein Mißwachs trift, so freut mich keine Lustbarkeit, ich denk immer ich hab es zu verantworten, daß ich lache und tanze, wenn es Arme giebt, die anderwärts in Elend schmachten, aber in Städten, da denkt man nicht daran, ich war diese Nacht so von Herzen aufgeräumt;

Lif. Aber zu was sollen diese Betrachtungen, sie sind ja deswegen in Wien um sich zu verheirathen, und dann bleiben sie ja hie.

Mign. Heirathen sagst du? daraus wird nichts, der junge Mensch, den ich in der Redoute sah, hat mir so gut gefallen, daß es mir nicht mehr träumen könnte den Dornheim nur sehen zu wollen. Er kann unmöglich schöner seyn. Meine Mutter hat mir freylich wohl oft gesagt, ich soll 10mal mit jemanden reden ohne zu wissen ob er schwarze oder blaue Augen hat, und auf dem Lande, wenn 10 alte mürrische Gecken kamen, da hab ichs auch gethan, aber den, den wir in der Redoute sahen, hab ich recht wohl betrachtet. Er hat eine sehr schöne Bildung, und so was Einnehmendes ——

Lif.

Lis. Der machte viele Eindrücke auf sie.

Mig. In der That, es ist mir selbst nicht lieb.

Lis. Aber was nützts uns, sie haben ihn um seinen Namen nicht gefragt, den ihrigen haben sie ihm auch nicht sagen wollen, wer weiß ob wir ihn jemals wieder sehen.

Mig. Du machst mich unruhig, ach! wenn ich ihn nicht mehr zu sehen bekomme, ich wäre untröstlich.

Lis. Es ist ihre eigene Schuld.

Mig. Was wußt dann ich darum? Nu Lisete! was glaubest du, wie werden wirs denn anstellen, daß wir ihn wider zu sehen bekommen.

Lis. Das weiß ich auch nicht. Vielleicht erfragt ihn ihr Friser, dies sind Leute, die einen nach dem Geruch der Pomade aufzusuchen wissen. Und er wird es auch gern thun, denn gestern als er fortgienge, hat er mir mit so einer Artigkeit die Hand geküßt, daß ich es klar merken konnte, daß er mir nicht feind ist

Mig. Nu! dies war gut, ein gut Trinkgeld will ich ihm gerne geben, wenn er uns erfragt, wer es ware.

Lis. Es ist jemand an der Thüre. (geht zur Thüre.)

Mig. Wenn ich nur diesen Menschen noch einmal zu sehen bekomme, wenn ich nur in Wien bleiben kann, wenn ich nur nicht etwann den Dornheim heirathen muß.

Lis. Es ist ein Krämer hier mit verschiedenen Frauenwaaren.

Mig. Laß ihn herein kommen.

Zwölfter Auftritt.

Die Vorigen, und Johann als Galanteriekrämer.

Joh. (bey Seite) Jetzt kannst du deine Rolle gut spielen, sonst (laut) wenn ihro Gnaden erlauben, daß ich auspacken darf, ich hab allerhand neue Moden.

Mig. Ja, ja laß der Herr sehen.

Lis. Wo ist dann der Herr her!

Joh Ich bin gar aus Schnaraffenland gebürtig.

Mig. Ha ha ha! Wie ist dann der Herr daher gekommen?

Joh. Meine ganze Geschichte dauerte und unendlich. Schon als ein Bube mit acht Jahren bin ich mit den kleinen Murmelthieren ganz Europa durchgereist, ich hab Frankreich, Welschland, Spanien, England, Holland, Dännemark, Schweden und Deutschland gesehen.

Lis. Erzähl uns der Herr etwas von Welschland, ists wahr, daß die Frauenzimmer dort so eingekerkert sind.

Mig. Sind dann die Schweden auch Menschen, wie wir sind?

Lis. Erzähl der Herr lieber von Frankreich.

Mig. Trägt man in Holland auch so hohe, hohe Frisuren, wie Hier?

Joh.

Joh. Ich hab auch drey Jahre unter den Zigeunern zugebracht, da hab ich wahrsagen gelernet.

Mig. Kann der Herr wahrsagen, nu, so sag mir der Herr wahr. Lisette, ich will ihn um etwas fragen, was er gewiß nicht weiß; Wo bin ich diese Nacht gewesen?

Joh. Ich glaube ich werde nicht irren, wenn ich sage, in der Redoute. Jetzt erlauben mir Ihro Gnaden ihre Wissonomie, ihre Liniamenten, ihre Hände, ihre Minen genau zu betrachten. — — — Haben Ihro Gnaden nicht in der Redouße einen gewissen jungen schönen Menschen gesehen, der ihnen recht wohl gefallen hat.

Mig. Lisette, woher weiß dann er dieß?

Lis. Nu, wenn er ein Wahrsager ist.

Joh. Nicht wahr, ich habs getroffen, aber ich kann noch weit mehr, ich verstehe auch die natürliche Zauberkunst, wenn Ihro Gnaden befehlen, so sollen diesen nämlichen Menschen in etwelchen Minuten in Lebensgröße in ihrem Zimmer sehen.

Mig. Das kann der Herr? du Lisette, — was glaubst du, ists wohl rathsam?

Lis. Leeres Geschwätze, das wollen wir sehen.

Joh: Ich bin bereit, ich lasse meine ganze Krame unterdessen hie. (bey Seite) Wenn jede Zauberey so leicht wäre. — (will abgehen.)

Dreyzehenter Auftritt.

Die Vorigen und Frau von Forstenau mit Dornheim Vater.

D. V. Wie zum Henker! das ist ja mein Bedienter.

Joh. (bey Seite.) Potz Blitz, so kömmt mir der Alte überall über den Hals.

D. V. He, Johann! versteht er mich? was macht er hie? was soll diese Verkleidung?

Mig. (erschrocken.) Lisette, was soll denn dies?

Lis. Den Handel versteh ich selbst nicht.

D. V. Schurke, in meinen Dienste seyn, und zugleich einen Tändler abgeben.

Joh. So viel ich sieh, so hab ich die Ehre im Hause der Frau Barones von Forstenau zu seyn, mithin bedarf ich keiner Verstellung mehr.

D. V. Warum dieß, red er klar?

Joh. Der junge Graf war diese Nacht mit mir in der Redoute, und —

D. V. Was in der Redoute, mein Sohn —

Joh. Ja, — gnädiger Herr, — aber heimlich, daß niemand etwas davon wußte. —

D. V. Er war krank.

Joh. Das war Verstellung. — Nu, und in der Redoute hatte er die Ehre das Fräulein da zu sehen, ohne zu wissen, daß es das Fräulein von Forstenau sey, und um nicht viele Umstände zu machen, verliebte er sich so rasend in sie, daß er sich sogleich entschloße das ihm vermeinte Fräulein nicht zuheirathen.

Forst.

Forst. Wie, meine Tochter soll in der Redoute gewesen seyn.

Mig. Rede du vor mich Lisette.

Lis. Ja, gnädige Frau, sie vergeben, uns war allein zu Hause die Zeit zum Sterben lange. Darum weil ich schon öfters in Wien ware, und um die Sachen wußte, führte ich das gnädige Fräulein in die Redoute um ihr einen Zeitvertreib zu machen.

Forst. Warum heimlich?

Lis. Der Gedanke fiel uns erst ein, als sie schon lange in der Gesellschaft waren.

D. V. Ich verstehe die Sache noch nicht vollkommen. Die Irrung war also nur in der Person?

Joh. Nicht anders, der junge Herr wird vor Freude schier außer sich seyn, wenn er hören wird, daß dieß das Fräulein von Forstenau ware.

D. V. Nu so geh er, such er ihn auf, bring er ihn her, merk er sichs.

Joh. Gleich gnädiger Herre (geht ab.)

Mig. (bey Seite) Ich weiß nicht wie mir ist. Der schöne artige Mensch ist Dornheim, ist mein Bräutigam? Ach! wie werd ich ihn empfangen.

Forst. Das war ein artiger Zufall.

D. V. Ja zuweilen trift es zu.

Forst. War dieß die Grille, die dir im Kopfe kam, nicht zu heirathen.

Mig. Ja, Mama! sind sie nicht böse.

Forst. Ich bin nicht böse, weil es so ausfiel, aber an der ganzen Verwirrung ist sie Schuld.

Lis.

Lis. Dadurch wird ihre Liebe beständiger werden
D. V. Wo ist dann der junge Herr, der George
Lis. Ich werd ihn suchen. (geht ab.)
D. V. Ich muß jetzt selbst lachen. Ich wußt
nicht, warum meinem Sohne auf einmal der Ehestand so verhaßt wurde. Der Stephan hatte wohl
recht, daß der Johann mit ihm in der Redoute ware.

Vierzehenter Auftritt.

Die Vorigen und Dornheim Sohn, mit Johann

D. S. O mein Fräulein! ich seh sie wieder
ich seh sie als meine Braut! Welch ein Vergnügen —
Mein Vater, theuerster Vater, verzeihen sie.

D. V. Alles vergessen, merk dirs.

D. S. Und sie gnädige Frau, was verlangen
sie vor eine Genugthuung?

Forst. Die Beschleinigung der Verbindung.

D. S. Nu mein Fräulein!

Mig. Liebster Dornheim!

D. V. Was immer Fräulein, gebt einander
die Hände damit ihr sagen könnt Gattinn.

Mig. Der Himmel war mir günstig, so einen
Gemahl zu schicken.

D. S. Jeder Morgen soll mich erinnern, daß
ich dieses Glück meinen besten Vater zu verdanken
habe.

Forst.

Forst. Meine Kinder! ich wünsche euch alles Glück.

D. S. Kann einen dieß mangeln, wenn man die Ehre hat ihr Schwiegersohn zu seyn.

D. B. Wer hätte dieß vor einer Stunde gehofft, verstehn sie mich?

Joh. Gnädiger Herr! nicht wahr meine Erfindung.

D. S. Ich werd sie belohnen.

Letzter Auftritt.

Die Vorigen, und George.

Forst. Wo bist denn immer? — Grace! — Grace! —

Geor. In der Küche Mama! die Köchinn hat mir schöne Historien erzählt, von Prinz Kleinkerlchen, von der verzauberten Rose, und dergleichen.

Forst. Sieh hie den Gemahl deiner Schwester.

Georg. Wie, meine Schwester ist schon verheirathet, und ich bin älter, und soll noch studiren? —

D. B. Was es doch vor eine Freude ist seine Kinder so gut versorgt zu sehen, merken sie sichs.

Forst. Das empfinden nur die Herzen zärtlicher Aeltern.

E N D E.